EN VENTE : MADELEINE, par Jules Sandeau, 1 vol. in-8 . . . . 7 50
CARMEN, par Prosper Mérimée, 1 vol. in-8 . . . . 7 50

BIBLIOTHÈQUE DRAMATIQUE

Théâtre moderne. — 2ᵉ Série.

LA
BOUQUETIÈRE

OPÉRA EN UN ACTE,

Paroles de M. HIPPOLYTE LUCAS,

MUSIQUE DE M. ADOLPHE ADAM.

Prix : 1 franc.

EN VENTE. — PIÈCES NOUVELLES.

Le Chiffonnier de Paris, drame en 5 actes et 12 tabl.	1 fr.
Les Bouffeurs de Londres, drame en 5 actes	60 c.
Les Nuits blanches, vaudeville en 2 actes	60
Père et Portier, comédie-vaudeville en 2 actes . . .	60
Le Trottin de la Modiste, vaudeville en 2 actes . . .	60
Un Coup de Vent, vaudeville en 1 acte	50
Léonard le Perruquier, coméd.-vaudev. en 4 actes.	60
Ce que Femme veut, comédie-vaudeville en 2 actes.	60
Un Docteur en Herbe, comédie-vaudeville en 2 act.	60
Notre Fille est Princesse, drame en 5 actes . . .	60
La Reine Argot, parodie en 7 tableaux	60
La Reine Margot, drame en 5 actes et 13 tableaux.	1 fr.

MICHEL LÉVY FRÈRES, LIBRAIRES-ÉDITEURS

Les Œuvres d'Alexandre Dumas, format in-18 anglais, et du théâtre de Victor Hugo.

RUE VIVIENNE, 4

Mᵐᵉ Vᵉ JONAS, LIBRAIRE DE L'OPÉRA.

PARIS. — 1847

PIÈCES DE THÉATRE

PARUES DANS LA 2ᵉ SÉRIE DE LA BIBLIOTHÈQUE DRAMATIQUE,
FORMAT IN-18 ANGLAIS.

Titre	Prix
Le Gant et l'Éventail, c.-v. 3 a.	» f. 60
La Baronne de Bilgnac, com.-vaudev. en 4 acte.	» 50
L'Inventeur de la Poudre, vaudeville en 4 acte.	» 50
Le Château des Sept-Tours, d. en 5 actes (épuisé)	2 »
Sport et Turf, gentilhommerie en 2 actes.	» 60
Le Docteur Noir, dr. en 7 actes.	» 60
Charlotte, drame en 5 actes.	» 60
Clarisse Harlowe, dr. en 5 act.	» 60
Madame de Tencin, dr. en 5 a.	3 »
Don Gusman, comédie en 5 act.	» 60
Le Bonhomme Richard, com.-vaudeville en 5 actes.	» 60
Gentil-Bernard, c.-vaud. en 5 a.	» 60
Échec et Mat, drame en 5 actes.	4 »
Un Mari qui se dérange, com.-vaudeville en 2 actes.	» 60
La Closerie des Genêts, d. 6 a.	» 60
Une Chambre à deux Lits, pochade en 4 a.	» 50
Les Demoiselles de Noce, comédie-vaudeville en 2 actes.	» 60
Le Nœud Gordien, dr. en 5 act.	» 60
Pierre Février, c.-v. en 4 acte.	» 50
Gibby la Cornemuse, op.-com. en 5 actes.	4 »
Le Lait d'Ânesse, c.-v. en 4 act.	» 60
La Poudre-coton, revue en 5 a.	» 60
Diable ou Femme, com. en 4 a.	» 50
Un Mari fidèle, com.-v. en 4 act.	» 50
Robert Bruce, opéra en 5 actes.	4 »
Marie, ou l'Inondation, drame en 7 tableaux.	» 60
Les Mystères du Carnaval, dr. en 9 tableaux.	» 60
Mademoiselle Navarre, com.-vaudeville en 4 acte.	» 50
Trois Rois, Trois Dames, comédie-vaudeville en 5 actes.	» f. 60
Un Coup de Lansquenet, c. en 2 a.	» 60
Irène, ou le Magnétisme, v. 2 a.	» 60
En Province, comédie en 5 actes.	» 60
Le Filleul de tout le monde, comédie-vaudeville en 4 actes.	» 60
Le Fantôme, com.-vaud. en 4 a.	» 60
La Reine Margot, dr. 5 a. et 12 t.	4 »
Une Fièvre brûlante, c.-v. en 3 a.	» 60
Bertram le Matelot, dr. en 5 a.	» 60
Alceste, tragédie en 5 actes.	4 »
L'Enfant de l'Amour, comédie-vaudeville en 5 actes.	» 60
Notre Fille est Princesse, drame en 5 actes.	» 60
La Reine Argot, parodie en 7 tabl.	» 60
Fatma, ou La Nuit du Vendredi-Saint, drame en 5 actes.	» 60
Un Docteur en Herbe, comédie-vaudeville en 2 actes.	» 60
La Loge de l'Opéra, dr. en 5 act.	» 60
Ce que Femme veut, comédie-vaudeville en 2 actes.	» 60
Léonard le Perruquier, comédie-vaudeville en 4 actes.	» 60
Le Bouquet de l'Infante, o.-c. 3 a.	4 »
Un Coup de Vent, vaud. en 4 acte.	» 50
Père et Portier, vaud. en 2 actes.	» 60
Le Chiffonnier de Paris, drame en 5 actes et 12 tableaux.	4 »
La Vicomtesse Lolotte, comédie-vaudeville en 5 actes.	» 60
Le Trottin de la Modiste, vaudeville en 2 actes.	» 60
Les Nuits blanches, v. en 2 actes.	» 60
Les Étouffeurs de Londres, dr. en 5 actes.	» 60
La Bouquetière, opéra en 4 acte.	4 »

1ʳᵉ SÉRIE, FORMAT GRAND IN-8.

Titre	Prix
Le Serpent sous l'herbe, vaud. en 4 acte.	» 50
La Carotte d'Or, c.-v. en 4 acte.	» 50
Les Frères Dondaine, v. en 4 a.	» 60
Juanita, com.-vaud. en 2 actes.	» 60
Philippe II, roi d'Espagne, d. 6 a.	» 60
L'Étoile du Berger, féer. en 14 t.	» 60
Le Trompette de M. le Prince, opéra-comique en 4 acte.	» 60
Le Petit-Fils, com.-v. en 4 acte.	» 50
Le Jardin d'Hiver, com.-vaud. en 4 acte.	» 50
Rocambole le Bateleur, vaud. en 2 actes.	» 50
Frisette, comédie-vaud. en 4 a.	» 50
Les Mousquetaires de la Reine, opéra-comique en 3 actes.	4 »
Le Roman comique, com.-vaud. en 5 actes.	» 60
La Famille Poisson, c. en 4 act.	» 60
La Mère de Famille, v. en 4 a.	» 50
L'Enfant du Carnaval, v. en 3 a.	3 »
Don Juan, opéra en 5 actes.	4 »
Monsieur de Mongaillard, comédie en 4 acte.	» 50
La Femme de mon mari, vaudeville en 2 actes.	» 60
L'Inconsolable, vaud. en 5 actes.	» 60
Le tunnel de Londres, drame-vaudeville en 5 actes.	» 60

La librairie MICHEL LÉVY frères prévient MM. les directeurs de théâtre de province et les amateurs d'anciennes pièces de théâtre, qu'elle possède dans ses magasins plus de 50,000 pièces de théâtre dans l'ancien format in-8, à très-bas prix.

LA BOUQUETIÈRE

OPÉRA EN UN ACTE,

PAROLES DE M. HIPPOLYTE LUCAS,

MUSIQUE DE

M. ADOLPHE ADAM,

REPRÉSENTÉ POUR LA PREMIÈRE FOIS, A PARIS, SUR LE THÉATRE DE
L'ACADÉMIE ROYALE DE MUSIQUE, LE 31 MAI 1847.

DISTRIBUTION DE LA PIÈCE.

LE VICOMTE DE COURTENAI............ MM. PONCHARD FILS.
L'INSPECTEUR DU QUARTIER............ BRÉMONT.
NANETTE, bouquetière................. Mlle NAU.
Bouquetières, chalands, commères, un enfant,
miliciens, exempts, employés de la loterie, un
recruteur.

La scène se passe à Paris, en 1780, au Marché aux Fleurs ; à droite, un bureau de loterie ; à gauche, une maison de jeu ; plus loin une maison d'enrôlement.

Les indications de droite et de gauche sont prises de la salle.

SCÈNE I.

BOUQUETIÈRES, CHALANDS.

CHOEUR DES BOUQUETIÈRES.
Pour nous s'annonce une belle journée.
Vers le marché, dès qu'il vient de s'ouvrir,
Chaque matin la foule est entraînée ;
De toutes parts on la voit accourir.

PREMIÈRE BOUQUETIÈRE.
Achetez des fleurs nouvelles,
Jasmins, roses et lilas.

DEUXIÈME BOUQUETIÈRE.
Monsieur, voici les plus belles.

PREMIÈRE BOUQUETIÈRE.
Monsieur, ne l'écoutez pas.

DEUXIÈME BOUQUETIÈRE.
Venez donc à ma boutique,
Tournez-vous de ce côté.

PREMIÈRE BOUQUETIÈRE.
Vous me volez ma pratique ;
C'est infâme ! en vérité.

PREMIER CHALAND.
On ne sait, ma foi, que faire !

PREMIÈRE BOUQUETIÈRE.
Prenez mes oreilles-d'ours.

PREMIER CHALAND.
Mais j'en ai déjà, ma chère.

DEUXIÈME BOUQUETIÈRE.
Monsieur, prenez-les toujours.

DEUXIÈME CHALAND.
Un peu de repos, madame,
Laissez-moi donc respirer.

TROISIÈME BOUQUETIÈRE, *avec un pot de giroflée.*
Sentez, ça va jusqu'à l'âme.

TROISIÈME CHALAND, *ressaisissant les pans de son habit.*
Vous allez me déchirer...

CHOEUR GÉNÉRAL DES BOUQUETIÈRES.
Achetez des fleurs nouvelles,
Voici, voici les plus belles...

LES CHALANDS.
Quel bruit ! c'est à rendre sourds ;
C'est à craindre pour ses jours !

Monsieur l'inspecteur, au secours!
Les souffrira-t-on toujours?
(*L'inspecteur paraît dans le fond.*)

SCÈNE II.

LES PRÉCÉDENTS, L'INSPECTEUR.

L'INSPECTEUR.
Silence!
Quel vacarme! quelle indécence!
Je n'y conçois plus rien, vraiment,
On insulte au gouvernement
Lorsqu'on se rit de la police;
Ne connaît-on pas mon office?
Je suis inspecteur et greffier,
Chargé du repos du quartier.
Quel vacarme! quelle indécence!
Silence, silence, silence!
Vous pouvez remplir votre état
Sans faire ici tout ce sabbat.
Je vous préviens que désormais
Je prétends obtenir la paix.
Mesdames, d'un pareil fracas
Depuis fort longtemps je suis las!
Je veux, faut-il le rappeler,
Que l'on vende ici sans parler?

LES COMMÈRES.
Sans parler, ciel! en France,
Une telle exigence!

L'INSPECTEUR.
Faites silence!
Quelle indécence,
Devant l'inspecteur et greffier
Chargé du repos du quartier!

L'INSPECTEUR.
Silence donc. (*A part.*) Je ne vois pas Nanette,
Nanette, mon souci.
(*On entend quelques vocalises dans le lointain.*)
Mais j'entends sa voix de fauvette.
(*Aux bouquetières.*)
Silence!... (*A part.*) la voici.

SCÈNE III.

LES PRÉCÉDENTS, NANETTE.

NANETTE *accourant avec un éventaire orné de rubans et rempli de fleurs.*
Venez, venez à ma boutique,
Vous qui voulez un bouquet symbolique ;
Approchez-vous : je connais chaque fleur.
Garçons, mes beaux œillets expriment votre ardeur.
Prenez, jeunes filles,
Prenez mes jonquilles.
Prenez un souci, monsieur l'inspecteur.

L'INSPECTEUR.
Qu'elle est aimable ! et comme c'est flatteur !

COUPLETS.

NANETTE.

Je suis bouquetière
    Fière
De vendre des fleurs.
Voyez, fraîche éclose,
    Rose
Aux tendres couleurs,

Muguets et bruyère,
    Lierre
Aux nœuds si constants ;
J'ai la marguerite,
    Dite
L'oracle des champs.

J'ai la sensitive,
    Vive,
Craignant l'indiscret.
J'ai la violette,
    Faite
Pour l'amour secret.

Voici l'anémone
    Jaune,
Qui trouble les sens ;
Voici la pervenche
    Blanche,
Si chère aux absents !

SCÈNE III.

Bouquet, doux langage,
  Gage
Des plus tendres vœux,
Je sais chaque emblème,
  J'aime
Leurs charmants aveux.

Je suis bouquetière,
  Fière
De vendre des fleurs.
Quel plaisir extrême !
  J'aime
Parfums et couleurs.

Venez donc et sentez.
Venez, achetez.
Voyez : quelle fraîcheur,
Respirez : quelle odeur !
Tous les sens sont ravis,
Vous serez bien servis ;
Accourez en ce lieu,
Les fleurs durent si peu !

(*Les chalands s'éloignent, les bouquetières s'asseyent tranquillement sous leurs berceaux.*)

L'INSPECTEUR, *regardant Nanette avec complaisance.*

Quelle charmante enfant ! ce serait mon affaire !
Depuis longtemps je veux lui proposer
Ma fortune et mon nom, et le rang de greffier ;
Pourrait-elle me refuser ?

   (*Il s'approche de Nanette.*)

Dis-moi, Nanette,
Sage fillette
De ce quartier :
Veux-tu, la belle
Au cœur rebelle,
Te marier ?

NANETTE.

Avec Nanette
Qui donc souhaite
Se marier ?
Comment se nomme
Ce beau jeune homme
Dans le quartier ?

L'INSPECTEUR, *à part.*

Un beau jeune homme ! Est-ce qu'elle me raille !
Pour beau, je ne dis pas ; mais pour jeune, hélas ! non !...

NANETTE, *à part.*
L'agréable mari ! voyez son air, sa taille !

L'INSPECTEUR.
N'importe ! il faut risquer ma déclaration...
(*Haut.*)
Ma chère enfant !...
(*On entend un bruit de voix dans la maison de jeu.*)
Quel est donc ce tapage ?
Ma chère enfant, ma chère enfant !
(*Le bruit redouble.*)
J'enrage :
Ce grand bruit vient de la maison de jeu,
On se dispute encore dans ce lieu !

CHOEUR DE JOUEURS, *dans la maison.*
C'est incroyable !
Banquiers, au diable !
Quels affreux coups !
Nous perdons tous.

L'INSPECTEUR.
Est-il possible de s'entendre...
(*A Nanette.*)
Ma chère enfant, vous allez me comprendre...
(*Le bruit recommence.*)
Cela ne finira donc pas ?
Paix là-bas, paix là-bas !

LES BOUQUETIÈRES, *aux chalands qui reparaissent en se promenant.*
Achetez des fleurs nouvelles,
Voici, voici les plus belles !

LES CHALANDS.
Eh, mesdames, laissez-nous,
Nous ne voulons rien de vous !...

L'INSPECTEUR.
Les autres à présent !... j'étouffe de colère !

ENSEMBLE.

NANETTE.
Je ris de sa colère :
Quelque accident toujours,
Lorsqu'il cherche à me plaire,
Interrompt ses discours.

L'INSPECTEUR.
Le destin m'est contraire :
Quelque accident toujours,

SCÈNE IV.

Quand je cherche à lui plaire,
Interrompt mes discours.

CHŒUR DES JOUEURS, *dans la maison.*
C'est incroyable!
Banquiers, au diable!
Quels affreux coups!
Nous perdons tous!

LES BOUQUETIÈRES.
C'est incroyable,
C'est effroyable;
Que les chalands
Sont insolents!

LES CHALANDS.
C'est incroyable!
Allez au diable!
On ne peut pas
Faire un seul pas.

L'INSPECTEUR.
C'en est trop : il est temps de calmer la tempête,
Et mes exempts arrivent à propos.
(*Entrent des exempts. L'inspecteur, montrant le marché aux fleurs et la maison de jeu.*)
Ici, comme là-haut, faites-moi place nette...
Des citoyens on trouble le repos
  (*A part.*)
Et je ne puis causer avec Nanette...

NANETTE, *à part.*
Ah! j'oubliais ce bouquet qu'on attend,
Dont un jeune homme ici chaque jour fait emplette...
Allons le composer...
  (*Elle sort sans que l'inspecteur s'en aperçoive.*)

SCÈNE IV.

LES PRÉCÉDENTS, *moins* NANETTE.

L'INSPECTEUR, *aux exempts.*
          Agissez, à l'instant;
Que justice soit faite.

LES BOUQUETIÈRES, *poussées par les exempts.*
Monsieur l'inspecteur,
C'est trop de rigueur!

LES JOUEURS, *qu'on a fait descendre de la maison.*
Monsieur l'inspecteur,

C'est trop de rigueur !
   L'INSPECTEUR, *aux exempts.*
Faites votre devoir, sans faiblesse et sans peur !
    LES EXEMPTS.
Messieurs et mesdames,
 Allons,
Déguerpissons !
    TOUS, *à l'inspecteur.*
Quels procédés infâmes !
Monsieur, nous nous plaindrons.
(*Les exempts chassent les joueurs et les bouquetières.*)

SCÈNE V.

L'INSPECTEUR, *seul.*

Je suis enfin le maître de la place ;
Avec Nanette...
   (*Il regarde autour de lui.*)
    Où donc est-elle ? ô cieux !
Voyez quelle autre disgrâce !
Ils l'auront entraînée aussi, les malheureux ;
Dépêchons-nous de courir après eux.
     (*Il sort.*)

SCÈNE VI.

LE VICOMTE DE COURTENAI, *sortant de la maison de jeu.*

Ainsi j'ai tout perdu ! d'une grande fortune
Il ne me reste rien... Ah ! si fait ! ces vingt sous,
 Mais jamais ma plainte importune
 N'accusera le sort d'un injuste courroux.
Par de grands médecins ma vie est condamnée ;
Je crois à leur oracle, et me livre au plaisir.
  Voyez l'étrange destinée !
Je mange tout mon bien, et me porte à ravir.
 Dans ma grandeur, une humeur inquiète
 Me conduisait de désir en désir.
J'ai, sous mes pas, vu l'abîme s'ouvrir,
Et mes trésors dans son sein s'engloutir.
Un doux espoir vient encor me saisir :
Je puis trouver, dans une humble retraite,
Le vrai bonheur au lieu d'un vain plaisir !

Mais quoi ! rêver un tranquille avenir...
Avec vingt sous que peut-on devenir ?
Eh bien, aux sots il faut laisser la honte ;
Fais-toi soldat, sans plus t'inquiéter :
De grade en grade il faut monter, vicomte,
Au rang de colonel, ne pouvant l'acheter.
Je sens déjà que cette ardeur nouvelle
  M'appelle,
 Ma valeur se révèle ;
  Dans les combats
 Je trouverai la gloire,
  C'est à mon bras
Qu'on devra la victoire !
  Adieu !
Doux souvenirs de mon heureuse enfance,
Doux souvenirs d'une ancienne opulence,
Dont je rends grâce à la bonté de Dieu,
  Adieu !
 Je sens déjà.....
 Vive l'honneur et la patrie !
  (*On entend le son du tambour de la loterie.*)
Je ne me trompe pas... c'est le tambour qui bat.
(*Il jette les yeux du côté du tambour, et reconnaît la maison de la loterie. En souriant.*)
 Il m'appelle à la loterie,
  Et non pas au combat !...
 Avec vingt sous, je le pense,
  On peut gagner beaucoup d'or.
Entrons, et si le sort trahit mon espérance,
La gloire et la santé me souriront encor.
Je sens déjà, etc.
  (*Après l'air il entre et prend un billet de loterie.*)
 Par une heureuse chance,
Si la fortune un jour pouvait me revenir,
Je reprendrais mon nom, un des beaux noms de France,
Nom que j'ai dû quitter pour ne pas le ternir.
Je trouverais encor l'amour et le plaisir.

SCÈNE VII.

LE VICOMTE, NANETTE.

NANETTE.

Ah ! le voilà !...

LE VICOMTE.

Quel air et naïf et coquet !

NANETTE.
Voici, monsieur ! votre bouquet !

LE VICOMTE, *à part.*
J'avais oublié cette dette,
Que faire ?
(*Il prend le bouquet.*)

NANETTE.
Mon argent !
Moi-même il faut que je m'acquitte ;
Payez-moi : le cas est urgent.
Payez-moi vite !

LE VICOMTE.
Mais, ma chère enfant,
C'est très-embarrassant !
Je suis ruiné !

NANETTE.
Vous... Payez-moi tout de suite,
Acheter à crédit... fi donc !... quelle conduite !
Vous qui, suivi de grands laquais,
Veniez dans un bel équipage
Commander ici mes bouquets,
Avec un si joyeux visage ;
Vous qui me disiez chaque jour :
« Sais-tu que je quitte, ma chère,
Toutes les beautés de la cour
Pour le seul désir de te plaire ? »

LE VICOMTE.
Je n'ai plus tous ces grands laquais,
Je n'ai plus cet bel équipage,
Je ne puis pa,er tes bouquets
Aussi frais que ton frais visage ;
Ma fortune a fui sans retour ;
Enfin, de tout cela, ma chère,
Il ne me reste dans ce jour
Que le seul désir de te plaire.

NANETTE, *à part.*
Je ne sais pourquoi
Mon cœur bat plus vite,
Mais ce n'est pas de chagrin qu'il palpite...
(*A part.*)
J'aime à le voir aussi pauvre que moi.

LE VICOMTE.
Je ne sais pourquoi
Mon cœur bat si vite,
Mais ce n'est pas de regret qu'il palpite,

SCÈNE VII.

La pauvreté me trouve sans effroi.
(*Haut.*)
Ah ! j'y pense :
Je ferai droit à ta créance,
J'ai là vingt mille écus comptant
Au moins.

NANETTE.
Quelle plaisanterie !

LE VICOMTE, *montrant le billet.*
Un quaterne à la loterie
Dont le tirage a lieu dans un instant !
Prends ces numéros, je te prie.

NANETTE, *prenant les numéros en souriant.*
C'est six livres, monsieur, et non vingt mille écus.
Que ferais-je du surplus ?

LE VICOMTE.
Ne ris pas, c'est pour toi que va tourner la roue ;
Laisse-moi prendre un baiser sur ta joue,
Je te tiens quitte du surplus.
(*Il l'embrasse. Reprise de l'ensemble.*)
Je ne sais pourquoi...

LE VICOMTE ET NANETTE.
Quel sentiment de moi s'empare
En secret ?
Je vois l'instant qui nous sépare
A regret.

NANETTE.
Qu'allez-vous faire, à la misère en butte ?

LE VICOMTE, *montrant la maison d'enrôlement.*
Vois-tu bien ce logis là-bas ?

NANETTE, *avec effroi.*
Cette maison où l'on recrute,
Au nom du roi, des soldats...

LE VICOMTE.
J'y vais de ce pas !

NANETTE.
O ciel ! n'avez-vous donc sur terre
Nul parent ?

LE VICOMTE, *gaiement.*
Je n'en ai qu'un,
Dans l'Inde, un vieux célibataire...

NANETTE.
Mais vos amis...

LE VICOMTE.

Moi leur être importun !..
Non, je préfère,
Être un héros, ma chère ;
Rose et Fabert ont ainsi commencé...
Comme son sein est oppressé !
Adieu, ma toute belle,
L'honneur, hélas ! m'appelle...
Adieu.

NANETTE.

Il part ! l'honneur l'appelle ;
Quelle peine cruelle !...
O Dieu !...

(*Ils se séparent avec peine.*)

SCÈNE VIII.

NANETTE, *seule*.

Est-ce donc un éternel adieu !
Pourquoi ces alarmes !
Est-il mon frère ou mon cousin ?
Pourquoi sur son destin
Suis-je prête à verser des larmes ?
Mais un jeune homme aimable et si bien fait,
Courir des chances si terribles !
Sur les âmes sensibles,
la produit toujours un sympathique effet !
Bien des fois j'ai vu pour la guerre
Partir les garçons du quartier,
Cela ne m'inquiétait guère :
Maintenant pourquoi m'effrayer ?
Je n'éprouvais pas cette peine,
Quand ils entraient dans ce séjour,

(*Elle montre la maison d'enrôlement.*)

Vers lui quel sentiment m'entraîne ?
O mon Dieu ! serait-ce l'amour ?
Pour lui, plus tendre,
J'aimais l'attendre,
J'aimais l'entendre,
J'aimais le voir.
Oui, mon cœur change ;
O trouble étrange !
L'amour me range
Sous son pouvoir !
J'ai frissonné lorsque sa bouche

Sur ma joue a pris un baiser.
Que je voudrais, tant sa perte me touche,
De grands biens pouvoir disposer !...
Mais à sa ruine, ah ! c'est triste !
Pauvre orpheline et petite fleuriste,
Je ne puis rien opposer !...

SCÈNE IX.

NANETTE, L'INSPECTEUR.

L'INSPECTEUR.
Je la retrouve enfin.
(*Il appelle Nanette.*)
Nanette !...
La place est donc libre et nette !...

NANETTE, *courant à lui.*
Ah ! c'est vous, monsieur l'inspecteur ;
Quel bonheur !

L'INSPECTEUR, *se rengorgeant.*
Comme elle est contente à ma vue !
Satisfaction imprévue !...

NANETTE.
Vous qui pouvez tout en ce lieu,
Vous que l'on craint plus qu'un ministre,
Faites fermer, là-bas, cette maison, sinistre
Non moins que la maison de jeu !

L'INSPECTEUR.
Cette maison où l'on s'enrôle ?

NANETTE.
Celle-là même !

L'INSPECTEUR.
Est-elle drôle !
Ma chère enfant, je ne puis pas ;
L'État a besoin de soldats.

NANETTE.
Un jeune homme... (*A part.*) Allons, pas de honte !
(*Haut.*)
A qui je m'intéresse... (*Elle baisse les yeux.*)

L'INSPECTEUR, *à part.*
Ah ! ce n'est pas mon compte.

NANETTE, *poursuivant.*
Est entré là-dedans...

L'INSPECTEUR.
Un de ces jeunes imprudents,
Mauvais sujets, honte de leur famille !...
NANETTE.
Mais non, vraiment,
Un jeune homme charmant !...
L'INSPECTEUR.
Quelle chaleur ! comme son œil pétille !
NANETTE, *voyant revenir le vicomte.*
Il est trop tard. (*A l'inspecteur.*) Vous êtes un méchant !

SCÈNE X.

LES PRÉCÉDENTS, LE VICOMTE.

LE VICOMTE, *portant à son chapeau le ruban des nouveaux enrôlés.*

Je suis militaire,
C'est la loi du sort !
Moi, j'aime la guerre,
Je nargue la mort !

La mort fuit quand on la brave ;
Je suis brave,
Je ne crains pas le danger.
Je n'ai plus rien : la fortune,
Sans rancune,
Peut encor me protéger.

Je veux que ma renommée
A l'armée
Me fasse vite avancer,
Et qu'un jour on se découvre,
Dans le Louvre,
Quand on me verra passer.

Dans quelque folle équipée,
Mon épée
Blessa parfois des amis.
Employons mieux ma vaillance :
Noble France,
Malheur à tes ennemis !

Moi, j'aime la guerre,

SCÈNE X.

Je nargue la mort ;
Je suis militaire,
C'est la loi du sort !
　Vive la guerre !
　Nargue la mort !

NANETTE, *s'approchant du vicomte.*

Allez, monsieur, que Dieu vous garde !
　Vous êtes bien joyeux
De quitter pour toujours ces lieux ?

LE VICOMTE.

Ah ! je ne le suis plus lorsque je la regarde,
　Je me sens malheureux.

L'INSPECTEUR.

Il va partir, c'est fort heureux.
Ce serait un rival vraiment très-dangereux.

NANETTE.

Il part, il me laisse
Sans voir ma tristesse,
Il ne m'aime pas.
Pour moi sans mémoire,
Il court à la gloire,
Peut-être au trépas !

L'INSPECTEUR.

Il part, il la laisse,
Loin d'elle il s'empresse
De porter ses pas.
Ah ! j'aime à le croire,
Épris de la gloire,
Il ne l'aime pas.

LE VICOMTE.

Je pars, je la laisse,
D'elle, avec tristesse,
J'éloigne mes pas,
Ah ! laissons-lui croire
Qu'épris de la gloire,
Je ne l'aime pas.

NANETTE.

Vous ne regrettez rien ?

LE VICOMTE, *avec une gaieté forcée.*

　　　　Rien, excepté, ma chère,
Ton minois et tes fleurs. Nanette, engage-toi,
　Prends le chapeau de vivandière,
　Au régiment je t'emmène avec moi.

NANETTE, *à part, tristement.*

Il plaisante !

LE VICOMTE, *à mi-voix.*

Nanette,
Le prix de mon engagement.
Si le hasard n'acquitte pas ma dette,
Te répond du paîment !

(*Haut.*)

J'oublie ici mes nouveaux camarades,
Qui dans le cabaret voisin
M'ont donné rendez-vous pour boire des rasades
A notre futur destin.
Car je suis militaire,
C'est la loi du sort ;
Moi, j'aime la guerre,
Je nargue la mort !

NANETTE.

O douleur amère,
Ah ! quel triste sort!
Tout mon cœur se serre,
Il court vers la mort.

L'INSPECTEUR.

Ah ! la bonne affaire !
C'est un coup du sort ;
Il part pour la guerre,
Je suis le plus fort. (*Le vicomte sort.*)

SCÈNE XI.

NANETTE, L'INSPECTEUR.

NANETTE, *se laissant tomber sur un banc.*

Hélas !....

L'INSPECTEUR.

Nous sommes seuls, le moment est propice.
Un homme tel que moi mérite attention ;
Sans prendre garde à son caprice,
Achevons sur-le-champ ma déclaration.
(*Il s'approche de Nanette.*)
Ma Nanette gentille,
Honnête et bonne fille,
Souffre...
(*Musique de la loterie.*)

SCÈNE XII.

Quel est ce bruit ?
L'infernale musique !..
Souffre que je m'explique.
Pour toi le jour, la nuit...
(*Le tambour de la loterie redouble ses appels, la foule accourt de tous côtés.*)

L'INSPECTEUR.

A mes pas s'attache une furie,
Contraire au sentiment !

SCÈNE XII.

LES PRÉCÉDENTS, LES EMPLOYÉS DE LA LOTERIE, LA FOULE.

CHŒUR DE LA FOULE.

Accourez tous, la loterie
Sera tirée en un moment.
Que la fortune nous sourie,
Plus de travail, plus de tourment !

LES EMPLOYÉS DE LA LOTERIE *s'approchent du chapeau de l'inspecteur.*

Monsieur l'inspecteur,
Faites-nous l'honneur
De présider notre tirage.

L'INSPECTEUR, *à part.*

C'est une véritable rage,
Faisons, avec courage,
Contre fortune bon cœur !

NANETTE, *avec mélancolie.*

Ne dois-je plus le voir !... ô tristesse !... ô douleur !...
(*On apporte la roue de la loterie ; un enfant, les yeux bandés, se tient à côté de la roue sur un tréteau ; on prie l'inspecteur de monter sur le tréteau, à côté de l'enfant.*)

L'INSPECTEUR.

Approchez : la Fortune,
La déesse opportune,
Accourue en ces lieux,
De son aile qui joue,
Va tourner cette roue,
Et faire des heureux !...
Si le bonheur ici vous accompagne,
Vous qui rêvez des châteaux en Espagne,

Vous aurez mieux : un hôtel à Paris.
Vous qui rêvez des honneurs et des places,
De la fortune ayez d'abord les grâces,
Vous parviendrez sans avoir rien appris.
 Ô jeune fillette,
 Viens, et fais emplette
 D'un mari charmant ;
 Coquette matrone,
 Dont le front grisonne,
 Gagne un jeune amant !
 Que chacun s'empresse
 De placer sans cesse
 Ainsi son argent.
 Et, s'il perd, qu'il dise :
 J'ai donné ma mise
 Au gouvernement !
 Venez ; la fortune...
. . . .

L'INSPECTEUR.

Les numéros vont sortir : paix, paix !
    (*L'enfant fait tourner la roue.*)
      Trente !
Quarante-deux. Cinquante-trois. Soixante !...

NANETTE, *sortant de sa tristesse.*

Qu'entends-je ! se peut-il ?... ce sont mes numéros.
    (*Elle montre son quaterne.*)

L'INSPECTEUR.

C'est exact.
  (*Il descend du tréteau.*)
  A la loterie
Tu mettais donc... A qui se fier, je vous prie ?...

NANETTE.

Ce jeune homme !...

L'INSPECTEUR.

   Ah ! l'apprenti-héros...

NANETTE.

Contre un de mes bouquets a changé ce quaterne !...

L'INSPECTEUR, *à part.*

Cet incident, au fond, n'a rien qui me consterne ;
 C'est une dot qui m'arrive à propos.

NANETTE.

Il devait deux écus.

SCÈNE XIII.

L'INSPECTEUR.

Il t'a donné, ma chère,
Plus de vingt mille écus, par un hasard prospère.

NANETTE, à part.

Vingt mille écus! et lui partirait pour la guerre!

LES COMMÈRES, inscrivant les numéros sortis.

Prenons ces numéros.

CHOEUR DE JEUNES GARÇONS ET DE JEUNES FILLES.

Vive, vive Nanette!
Qu'on place sur sa tête
La couronne de fleurs;
Qu'en char on la promène :
Du sort elle est la reine,
Rendons-lui des honneurs!

(On fait avancer le char de la loterie, orné de guirlandes de fleurs. On force Nanette à monter dedans. Les garçons s'y attellent et le traînent. Les jeunes filles dansent autour du char en agitant des bouquets. Nanette, ainsi escortée, est conduite en triomphe dans le quartier.)

SCÈNE XIII.

L'INSPECTEUR, LES COMMÈRES.

LES COMMÈRES.

Daignez nous entendre,
Monsieur l'inspecteur.
Nanette, en honneur,
Nanette doit rendre
Tout cet argent-là.
Pensez vous cela?

L'INSPECTEUR.

Ah! de jalousie,
Voyez-vous cela,
Votre âme est déjà,
Mesdames, saisie :
Le bonheur d'autrui
Cause votre ennui.
Mesdames, retenez votre langue indiscrète;
Combien vaut ce quaterne! il ne vaut que vingt sous,
On devait deux écus : calculez entre vous,
C'est cinq livres encor qu'on redoit à Nanette!
C'est clair?

LES COMMÈRES.

Il a raison.

L'INSPECTEUR.

Le reste de la dette
Peut être abandonné.

LES COMMÈRES.

Monsieur, excusez-moi.

ENSEMBLE.

LES COMMÈRES.
Il nous fait comprendre
D'un mot tout cela ;
Nanette peut prendre
Tout cet argent-là.

L'INSPECTEUR.
Je leur fais comprendre
D'un mot tout cela ;
Nanette peut prendre
Tout cet argent-là.

(*L'inspecteur les renvoie et les suit.*)

SCÈNE XIV.

LE VICOMTE, *entrant par le côté opposé.*

Il faut partir, l'heure est venue,
Et je sens à présent quelque trouble en mon cœur.
Une émotion inconnue
Me fait trembler, mais ce n'est pas la peur.

Adieu beaux jours d'une ardente jeunesse,
Jours écoulés dans le sein des plaisirs ;
Il faut vous perdre, ô courts instants d'ivresse,
Avant d'avoir comblé tous mes désirs !
La vie, hélas ! bien souvent n'est qu'un songe ;
On se reveille, et l'on voit le mensonge ;
Jours de délire et faciles amours,
Adieu, vous dis-je ; adieu, c'est pour toujours !

Ah ! dans le cours de cette folle vie,
Si j'avais pris un moins volage essor,
Quand la fortune à mes vœux est ravie,
J'aurais gardé peut-être un doux trésor :
Ce doux trésor, c'est un ange fidèle,
Qui vient plus tard nous couvrir de son aile ;

Mais j'ignorai les constantes amours.
Tendre espérance, adieu, c'est pour toujours!

SCÈNE XV.

LE VICOMTE, LES MILICIENS, L'INSPECTEUR, LES COMMÈRES.

LES MILICIENS.

Bon compagnons,
Le jour s'avance :
Allons, partons.
Vive la France !

LE VICOMTE, *après avoir causé avec quelques commères.*

Ah! que viens-je d'entendre !
Nanette a donc gagné : que j'en suis enchanté !

L'INSPECTEUR.

Le signal se fait entendre,
Les enrôlés vont quitter la cité.

(*Reprise du chœur des miliciens.*)

SCÈNE XVI.

LES PRÉCÉDENTS, NANETTE.

NANETTE, *au vicomte.*

Arrêtez un moment ;
De votre engagement
On a rompu la clause.

LE VICOMTE.

Pourquoi donc ? quelle cause ?

NANETTE.

Monsieur, j'ai racheté
Votre liberté,
Et dans vos mains encor je veux remettre
Vingt mille écus gagnés par vos billets.

LE VICOMTE.

Non, ma chère enfant, garde-les ;
Vingt mille écus... ce n'est pas me connaître !
Vingt mille écus... qu'est-ce que j'en ferais !
J'en ai dépensé deux cent mille ;
Mieux vaut être soldat qu'un bourgeois de la ville.

Le vicomte de Courtenai!
Avec vingt mille écus vivrait-il!

L'INSPECTEUR.
Le vicomte
De Courtenai!
Que dit-il?

LE VICOMTE.
Je dis vrai.
C'est un nom que toujours on a porté sans honte

L'INSPECTEUR.
Vous trouver est un coup du sort!
Le lieutenant de police
Vous fait mander...

LE VICOMTE.
Moi?

L'INSPECTEUR.
Vous.

LE VICOMTE.
Et quel rapport
Puis-je avoir avec son office?

L'INSPECTEUR.
Dans l'Inde un parent vous est mort,
Riche comme un nabab!

LE VICOMTE.
O ciel!

L'INSPECTEUR.
Mais votre asile
N'est plus connu dans le quartier.

LE VICOMTE.
Mes créanciers m'ont fait changer de domicile.

L'INSPECTEUR.
Vous êtes l'unique héritier
D'une fortune bien complète...
(*A part.*)
Il va persévérer dans son noble refus.

LE VICOMTE.
Tout change alors : ma gentille Nanette,
J'accepte tes vingt mille écus,
Mais avec la main qui les donne.
Y consens-tu?

L'INSPECTEUR, *bas à Nanette.*
Non.

NANETTE.
De grand cœur!

SCÈNE XVI.

L'INSPECTEUR.

Oh! la friponne!

LE VICOMTE, *aux miliciens.*

Amis, partez sans moi; courez à la victoire;
Un sort plus doux va suffire à mon cœur.
    Allez chercher la gloire,
    J'ai trouvé le bonheur.
    Jadis trop volage,
    Avec femme sage,
    Je veux, en ménage,
    Goûter le bonheur!
    A mon existence
    Sourit la constance;
    Sa douce influence
    Pénètre en mon cœur!

NANETTE.

Jadis trop volage,
Avec femme sage
Il veut en ménage
Goûter le bonheur!
A son existence
Sourit la constance;
Sa douce influence
Pénètre en son cœur!

L'INSPECTEUR

Jadis si volage,
Avec femme sage
Il croit en ménage
Trouver le bonheur!
Je perds l'espérance;
Mais plus de souffrance:
Joyeuse inconstance,
Viens, remplis mon cœur!

LE VICOMTE.

Partez pour la guerre,
C'est la loi du sort;
Un bon militaire
Ne craint pas la mort.
Plein d'un tendre zèle,
Près de mes amours
Je reste fidèle,
Et c'est pour toujours.

FIN.

Paris.— Typographie LACRAMPE fils et comp., rue Damiette, 2.

PUBLICATIONS

DE

MICHEL LÉVY FRÈRES

LIBRAIRES-ÉDITEURS DES OEUVRES DE

— Victor Hugo —
— Alexandre Dumas —
— Frédéric Soulié —
— Jules Janin — Eugène Sue —
— Scribe —
— Louis Reybaud — Jules Sandeau —
— Mérimée —
— Madame Charles Reybaud —
— Léon Gozlan —
— Henri Blaze — Bayard —
— Dumanoir —
— Émile Souvestre, etc., etc. —

RUE VIVIENNE, 1.

OEUVRES COMPLÈTES
D'ALEXANDRE DUMAS

Format in-18 anglais,

à 2 francs le volume.

CHAQUE VOLUME SE VEND SÉPARÉMENT.

Il paraît 1 ou 2 volumes par mois.

On a dit que chaque jour amenait son pain; ce qui est vrai pour le corps est donc vrai pour l'esprit, car ne semble-t-il pas que chaque époque amène aussi pour les imaginations la pâture dont elles ont besoin? Sans oser rien juger, disons qu'au moment où nous sommes, il est né des besoins non encore éprouvés. Sans cesse agités par la vie fiévreuse que nous font les affaires où tout le monde se jette, entraînés par cette nouvelle loi générale, impitoyable, la loi d'*aller vite*, nous avons le désir de trouver dans ce que nous lisons un délassement agréable, une série animée d'émotions qui nous enlève pour quelques instants à la réalité, une vivacité spirituelle qui nous fasse oublier au moins une soirée les hommes sérieux. On veut lire comme on va au spectacle, pour vivre quelques heures de la vie d'un autre personnage, pour se passionner sans fatigue et trouver l'esprit que le monde ne nous donne plus. Il faudrait donc proclamer que M. Alexandre Dumas est né bien à propos, si ceux qui le connaissent ne savaient qu'au lieu de rendre grâce au hasard qui l'aurait ainsi fait, il faut remercier l'admirable protéisme de l'homme de talent qui semble nous avoir dit : « Soyez capricieux à votre aise, que votre goût blasé varie ses exigences, je vous suivrai partout, vous me retrouverez sans cesse et sous toutes les formes. » Le théâtre, qui pour un autre auteur eût été une existence complète, n'a été pour Alexandre Dumas qu'un prélude.

Ses œuvres, populaires par la renommée, vont le devenir par le format et par le prix. Le règne des feuilletons cousus en volume par la ménagère est passé; toute modeste maison aura un rayon pour les œuvres qu'elle aura choisies : le château aura un corps de bibliothèque; car Dumas est jeune, Dumas se porte à merveille, et son esprit, que féconde sans cesse l'imprévu, est chaque année gros de quarante volumes. Aussi ceux qui ne l'aiment pas l'admirent. Mais tout le monde l'aime.

EN VENTE :

Le Comte de Monte-Cristo...	6 vol.	12 fr.
Le Capitaine Paul.........	1 —	2
Le Chevalier d'Harmental...	2 —	4
Les Trois Mousquetaires....	2 —	4
Vingt Ans après..........	3 —	6
La Reine Margot..........	2 —	4
La Dame de Monsoreau, tomes	1 et 2	4

SOUS PRESSE :

La Dame de Monsoreau.........	tom. 3
Le Maître d'Armes............	1
Pauline et Pascal Bruno.......	1
Souvenirs d'Antony...........	1
Une Fille du Régent..........	2
Ascanio.....................	2
Sylvandire...................	2
Georges.....................	2
Cécile......................	1
Isabel de Bavière............	2

THÉATRE COMPLET

DE

VICTOR HUGO

Un beau volume grand in-8º,

ORNÉ DU PORTRAIT DE VICTOR HUGO

ET DE SIX GRAVURES SUR ACIER.

D'APRÈS LES DESSINS DE MM. RAFFET, L. BOULANGER, J. DAVID, ETC., ETC.

Prix : 8 francs.

Chaque pièce se vend séparément.

Hernani..	75 c.
Marion de Lorme	75
Le Roi s'amuse..	75
Lucrèce Borgia..	75
Marie Tudor.	75
Angelo..	75
Ruy Blas..	75
Les Burgraves.	75
La Esméralda.	75

LA
BIBLIOTHÈQUE DRAMATIQUE
CHOIX
DES
PIÈCES NOUVELLES JOUÉES SUR TOUS LES THÉATRES DE PARIS,
imprimées dans le format in-18 anglais.

LA BIBLIOTHÈQUE DRAMATIQUE publiera exclusivement toutes les œuvres théâtrales nouvelles de MM. Alexandre Dumas, Bayard, Anicet-Bourgeois, Dumanoir, Lockroy, Mélesville, Frédéric Soulié et Eugène Süe, qui se sont engagés également pour leurs collaborateurs, et les œuvres choisies des meilleurs auteurs dramatiques.

IL PARAIT TROIS OU QUATRE PIÈCES PAR MOIS. — QUATRE VOLUMES PAR AN.

Prix de chaque volume, 5 francs.

Chaque volume et chaque pièce se vendent séparément.

LE TOME IV EST EN VENTE.

Le Gant et l'Éventail, comédie-vaud. en 3 actes, par MM. Bayard et Sauvage...	» f. 60 c
La Baronne de Blignac, comédie-vaudeville en 1 acte, par MM. Dumanoir et Nyon..	» 60
L'Inventeur de la Poudre, vaudeville en 1 acte, par MM. Labiche et Lefranc..	» 60
Le Château des Sept-Tours, drame en 5 actes, par MM. Maillan et Alboize..	1 »
Sport et Turf, gentilhommerie en 2 actes, par MM. Dumanoir et Clairville..	» 60
Le Docteur Noir, drame en 7 actes, par MM. Anicet et Dumanoir.	» 60
Charlotte, drame en 3 actes, précédé de LA FIN D'UN ROMAN, prologue, par MM. Emile Souvestre et Bourgeois..............	» 60
Clarisse Harlowe, drame en 3 a., par MM. Dumanoir, Clairville et Guillard..	» 60
Madame de Tencin, drame en 5 actes (épuisé), par MM. Fournier et Mirecourt..	3 »
Don Gusman, ou LA JOURNÉE D'UN SÉDUCTEUR, comédie en 5 a., en vers, par M. Adrien Decourcelle......................	» 60
Le Bonhomme Richard, comédie-vaudeville en 3 actes, par MM. Mélesville et Carmouche..........................	» 60
Gentil-Bernard, ou L'ART D'AIMER, comédie-vaudeville en 5 actes, par MM. Dumanoir et Clairville......................	» 60
Échec et Mat, drame en 5 actes, par MM. O. Feuillet et P. Bocage.	1 »
Un Mari qui se dérange, comédie-vaudeville en deux actes, par MM. Cormon et Grangé...............................	» 60
La Closerie des Genêts, drame en 6 a., par M. Frédéric Soulié..	» 60

Une Chambre à deux Lits, pochade en 1 acte, par MM. Varin et Lefèvre...	» fr. 50 c.
Les Demoiselles de Noce, comédie-vaudeville en 2 actes, par MM. Bayard et Léon Laya...	» 60
Le Nœud Gordien, drame en 5 actes, par Mme Casamajor.........	» 60
Pierre Février, comédie-vaudeville en 1 acte, par M. Davesne...	» 60
Gibby la Cornemuse, opéra-comique en 3 actes, par MM. de Leuven et Brunswick...	1 »
Le Lait d'Anesse, comédie-vaudeville en 1 acte, par MM. Gabriel et Dupeuty..	» 60
La Poudre-coton, revue en 5 a., par MM. Dumanoir et Clairville.	» 60
Diable ou Femme, comédie en 1 acte, par M. Hippolyte Lucas...	» 50
Un Mari fidèle, comédie-vaud. en 1 a., par MM. Varin et Dugard..	» 60
Robert Bruce, opéra en 3 actes, par MM. Alph. Royer et Vaëz...	1 »
Marie, ou l'Inondation, drame en 5 actes et 7 tableaux, par MM. Anicet et Francis...	» 60
Les Mystères du Carnaval, drame en 5 actes et 9 tableaux, par MM. Anicet et Michel Masson.......................................	» 60
Mademoiselle Navarre, comédie-vaud. en 1 a., par M. H. Lucas.	» 50
Trois Rois, Trois Dames, comédie-vaudeville en 3 actes, par M. Léon Gozlan...	» 60
Un Coup de Lansquenet, comédie en 2 actes, par M. Léon Laya.	» 60
Irène, ou le Magnétisme, drame-vaudeville en 2 actes, par MM. Scribe et Lockroy..	» 60
En Province, comedie en 3 actes, en vers, par M. Ernest Serret...	» 60
Le Filleul de tout le monde, comédie-vaudeville en 4 actes, par M. Emile Souvestre..	» 60
Le Fantôme, comédie-vaudeville en 1 acte, par MM. Bayard et Sauvage..	» 60
La Reine Margot, drame en 5 actes et 13 tableaux, par MM. Al. Dumas et Maquet...	1 »
Une Fièvre brûlante, comédie-vaudeville en 3 actes, par M. Mélesville...	» 60
Bertram le Matelot, drame en 5 actes, par M. J. Bouchardy.....	» 60
Alceste, tragédie en 3 actes, en vers, par M. Hippolyte Lucas....	1 »
L'Enfant de l'amour, comédie-vaudeville en 3 actes, par MM. Bayard et Paul Vermond..	» 60
La Reine Argot, parodie de la Reine Margot, en 7 tableaux, en vers, par MM. Lubize, Guénée et Leprevost............................	» 60
Pajma, ou la Nuit du Vendredi-Saint, drame en 5 actes, par MM. Octave Feuillet et Paul Bocage..................................	» 60
Notre Fille est Princesse, drame en 5 actes, par M. Léon Gozlan.	» 60
Un Docteur en Herbe, comédie-vaudev. en 2 actes, par MM. Duvert et Lauzanne...	» 60
La Loge de l'Opéra, drame en 3 actes, par Mme Ségalas.........	» 60
Ce que Femme veut..., comédie-vaud. en 2 actes, par MM. Duvert et Lauzanne..	» 60
Léonard le Perruquier, comédie-vaud. en 4 actes, par MM. Dumanoir et Clairville...	» 60
Le Bouquet de l'Infante, opéra-com. en 3 actes, par MM. de Planard et de Leuven...	1 »
Un Coup de Vent, vaudeville en 1 acte, par M. Colin............	» 60
Père et Portier, vaudeville en 2 actes, par MM. Bayard et Varner.	» 60
Le Chiffonnier de Paris, drame en 5 actes et 12 tableaux, par M. Félix Pyat...	1 50
La Vicomtesse Lolotte, comédie-vaudeville en 3 actes, par MM. Bayard et Dumanoir..	» 60
Le Trottin de la Modiste, vaudeville en 2 actes, par M. Clairville..	» 60
Les Nuits blanches, vaudeville en 2 actes, par MM. Bayard et de Biéville..	» 60
Les Étouffeurs de Londres, drame en 5 actes, par MM. Paul Foucher et Jaime..	» 60
La Bouquetière, opéra en 1 acte, par M. H. Lucas..............	1 »

PIÈCES DE THÉATRE

Imprimées à 2 colonnes, dans le format grand in-octavo.

L'Ame en peine, opéra en 2 actes, par M. de St-Georges.........	1 fr.	» c.
Benvenuto Cellini, opéra en 2 actes, par M. Barbier.............	1	»
Bertrand et Raton, comédie en 5 actes, par M. Scribe..........	»	60
La Camaraderie id. id. id.............	»	60
La Carotte d'Or, comédie-vaudeville en 1 acte, par MM. Mélesville et Comberousse..	»	50
Le Chalet, opéra comique en 1 acte, par M. Scribe..............	»	60
Une Chaine, comédie en 5 actes, par M. Scribe..................	»	60
La Dame de Saint-Tropez, drame en 5 actes, par MM. Anicet et Dennery.......................................	»	60
La Dame Blanche, opéra comique en 3 actes, par M. Scribe......	»	60
Les Diamants de la Couronne, opéra comique en 3 actes, par MM. Scribe et de Saint-Georges............................	»	60
Dom Sébastien de Portugal, opéra en 5 actes, par M. Scribe...	1	»
Don Juan, opéra en 5 actes, par MM. E. Deschamps et H. Blaze...	1	»
Don Juan d'Autriche, comédie en 5 actes, par Casimir Delavigne.	»	60
Un Duel sous Richelieu, drame en 3 actes, par M. Lockroy.....	»	60
L'École des Vieillards, comédie en 5 actes, par Casimir Delavigne..	»	60
L'Enfant du Carnaval, vaudeville en 3 actes (épuisé), par MM. Dumanoir et Clairville...................................	3	»
L'Etoile du Berger, féerie en 14 tableaux, par MM. Anicet et Dennery..	»	60
L'Étoile de Séville, opéra en 4 actes, par M. Hippolyte Lucas....	1	»
Les Étudiants, drame en 5 actes, par M. Frédéric Soulié........	»	60
Eulalie Pontois, drame en 5 actes, par id.............	»	60
La Famille Poisson, comédie en 1 acte, par M. Samson.........	»	80
La Femme de mon Mari, vaudeville en 2 actes, par M. Rosier..	»	60
Fra Diavolo, opéra comique en 3 actes, par M. Scribe..........	»	60
Frisette, comédie-vaudev. en 1 a., par MM. Labiche et Lefranc....	»	50
Les Frères Dondaine, vaudev. en 1 a., par MM. Varin et Lopez..	»	60
Le Freyschutz, opéra en 3 actes, par M. Pacini..................	1	»
Le Gamin de Londres, drame-vaudev., en 3 a., par MM. Théaulon et Gabriel.....................................	»	60
La Grâce de Dieu, drame en 5 actes, par MM. Dennery et G. Lemoine...	»	60
Le Gueriliero, opéra en 2 actes, par M. Th. Anne................	1	»
Guido et Ginevra, opéra en 5 actes, par M. Scribe...............	1	»
Guillaume Tell, opéra en 3 actes, par MM. Jouy et Bis..........	»	60
Les Huguenots, opéra en 5 actes, par M. Scribe.................	»	60
L'Inconsolable, vaudeville en 3 actes, par M. Rosier............	»	60
Le Jardin d'Hiver, comédie-vaudeville en 1 acte, par MM. Mélesville et Carmouche..............................	»	50
Jeanne et Janneton, comédie-vaudeville en 2 actes, par MM. Scribe et Varner..	»	60
Juanita, comédie-vaudev. en 2 a., par MM. Bayard et Comberousse.	»	60
La Juive, opéra en 5 actes, par M. Scribe......................	»	

Le Lazzarone, opéra en 2 actes, par M. de St-Georges............	1 fr.	» c.
Louis XI, tragédie en 5 actes, par Casimir Delavigne.............	»	60
Le Marché de Londres, drame en 5 actes, par M. Dennery.......	»	60
Le Mariage d'argent, comédie en 5 actes, par M. Scribe.........	»	60
Marie Stuart, opéra en 5 actes, par M. Th. Anne...............	1	»
La Marraine, comédie-vaudeville en 1 acte, par MM. Scribe et Lockroy...	»	60
Mathilde, drame en 5 actes, par MM. Eugène Sue et Félix Pyat...	»	50
La Mère de Famille, vaudeville en 1 acte, par MM. Dennery et Lemoine..	»	50
Michel et Christine, comédie-vaudeville en 1 acte, par MM. Scribe et Dupin..	»	60
Monsieur de Maugaillard, comédie en 1 acte, par M. Rosier....	»	60
Un Monsieur et une Dame, vaudeville en 1 acte, par MM. Duvert et Lauzanne..	»	60
Les Mousquetaires de la Reine, opéra-comique en 3 actes, par M. de Saint-Georges.....................................	1	»
La Part du Diable, opéra-comique en 3 actes, par M. Scribe.....	»	60
Passé Minuit, vaudeville en 1 acte, par MM. Anicet et Lockroy..	»	60
Le Petit-Fils, comédie-vaudev. en 1 a., par MM. Bayard et Varner.	»	50
Philippe II, roi d'Espagne, drame en 5 actes, précédé de l'ÉTUDIANT D'ALCALA, prologue, par M. Cormon...................	»	60
Le Pré aux Clercs, opéra-comique en 3 actes, par M. de Planard.	»	60
La Reine de Chypre, opéra en 5 actes, par M. de St-Georges.....	1	»
Richard en Palestine, opéra en 3 actes, par M. Paul Foucher....	1	»
Robert le Diable, opéra en 5 actes, par MM. Scribe et G. Delavigne...	»	60
Rocambolle le Bateleur, vaudeville en 2 actes, par MM. Labiche et Lefranc...	»	60
Le Roman comique, comédie-vaudev. en 3 a., par MM. Dennery, Cormon et Romain......................................	»	60
La Rue de la Lune, vaudeville en 1 acte, par MM. Varin et Boyer...	»	60
Le Serpent sous l'herbe, vaudeville en 1 a., par M. A. Durantin.	»	50
La Sirène, opéra-comique en 3 actes, par M. Scribe.............	»	60
La Tour de Nesle, drame en 5 actes, par MM. Alexandre Dumas et Gaillardet...	»	60
Trente ans, ou la Vie d'un joueur, drame en 3 actes, par Victor Ducange et M. Dinaux...............................	»	60
Le Trompette de M. le Prince, opéra-comique en 1 acte, par M. Mélesville...	»	60
Valérie, comédie en 3 actes, par M. Scribe.....................	»	60
Le Verre d'eau, comédie en 5 actes, par M. Scribe.............,	»	60
Zampa, opéra comique en 3 actes, par M. Mélesville............	»	60

Ouvrages illustrés.

LE FAUST
DE GOETHE

TRADUCTION REVUE ET COMPLÈTE, PRÉCÉDÉE D'UN ESSAI SUR GOETHE

PAR M. HENRI BLAZE

Édition illustrée de 9 Vignettes, dessinées

PAR
M. TONY JOHANNOT

ET D'UN NOUVEAU PORTRAIT DE GOETHE

GRAVÉS SUR ACIER PAR M. LANGLOIS ET TIRÉS SUR PAPIER DE CHINE.

Un volume grand in-8. — Prix : 12 francs

PUBLIÉ EN 40 LIVRAISONS A 30 CENTIMES.

(*Extrait du Journal des Débats :*)

Faust occupe dans les œuvres de Goethe la même place que Goethe dans la littérature allemande, c'est-à-dire la première. A un pareil chef-d'œuvre, la popularité ne pouvait manquer en France, et l'édition illustrée va consacrer définitivement cette adoption de Goethe au pays de Voltaire et de Rousseau.

Poésie, drame, philosophie, critique, toutes les formes de la pensée humaine ont servi à construire cette œuvre étrange et multiple, qui n'a d'égale dans aucune littérature.

Combien d'épisodes attachants dans ce vaste poëme, où le pittoresque se rencontre à chaque pas! Faust, Marguerite, Méphistophélès, Valentin, types immortels que l'imagination aime à se représenter sans cesse! Qui ne s'est ému de tendresse à la douce complainte de Marguerite au rouet? Qui n'a essayé de sonder avec le vieux docteur les abîmes de l'intelligence? Qui n'a frémi au ricanement diabolique de Méphistophélès dans la terrible scène de l'écolier! Et la promenade au jardin, et cette rencontre des deux jeunes filles au puits, et la mort de Valentin, et la vision dans l'église! croyez-vous qu'il existe quelque part de plus dramatiques sujets, des tableaux plus empreints de grandeur et de poésie?

Aussi le chef-d'œuvre de Goethe devait tenter l'illustration, et, sur ce point, la France n'aura rien à envier à l'Allemagne. Même après Retzsch et Cornélius, on admirera les dessins si ingénieux, si variés, si heureusement inspirés de M. Tony Johannot, lesquels ont été gravés par M. Langlois. Quant à la traduction de M. Henri Blaze, réimprimée jusqu'à cinq fois dans la Bibliothèque Charpentier, l'immense succès qu'elle a obtenu permet de ne pas insister sur les hautes qualités littéraires qui la distinguent. M. Henri Blaze ne s'est pas borné à traduire *Faust*, il en a commenté l'esprit, et trois ans d'études et de méditations lui ont livré les secrets du chef-d'œuvre, désormais révélé au lecteur français. Le texte publié aujourd'hui a été revu entièrement par le jeune traducteur, que ses travaux de critique sur Goethe ont associé d'une façon si distinguée aux esprits qui, depuis quarante ans, se sont proposé de servir de lien entre l'Allemagne et la France.

LES JÉSUITES

DEPUIS LEUR ORIGINE JUSQU'A NOS JOURS

Histoire, Types, Mœurs, Mystères,

PAR

M. A. ARNOULD

ILLUSTRÉS DE 20 GRAVURES SUR ACIER ET DE 103 GRAVURES SUR BOIS,

d'après les dessins de

MM. TONY JOHANNOT, J. DAVID, E. GIRAUD, JANET-LANGE, E. LORSAY, HADAMARD, FRÈRE ET DUPUIS.

2 vol. grand in-8 ; — prix : 20 fr. ; — publiés en 67 livr. à 30 c.

LES COUVENTS

Origine — Histoire — Règle — Discipline — Mœurs — Types — Mystères

PAR

MM. LOUIS LURINE ET ALPHONSE BROT,

ILLUSTRÉS

de 18 gravures sur acier et d'un grand nombre de gravures sur bois,
d'après les dessins
de MM. Tony Johannot, Célestin Nanteuil et Français.

Un beau volume grand in-8. — Prix : 7 fr.

Ouvrages littéraires.

ÉCRIVAINS ET POÈTES
DE
L'ALLEMAGNE
PAR M. HENRI BLAZE

TABLE DES MATIÈRES :

Wieland — Klopstock — Burger — Schiller — Goethe — Jean Paul
Novalis — Tieck — Arnim
Immermann — Grabbe — Bettina — Clément Brentano — Caroline de Günderode
la comtesse Stolberg — Uhland — Justin Kerner
Rückert — Moerike — Henri Heine — Freiligrath — Anastasius Grün.

1 vol. in-18, format anglais. — Prix : 3 fr. 50 cent.

BLUETTES ET BOUTADES
PAR
J. PETIT-SENN (DE GENÈVE)
AVEC UNE PRÉFACE PAR M. LOUIS REYBAUD
UN JOLI VOLUME IN-18, FORMAT ANGLAIS.

Prix : 3 fr. 50 cent.

L'Époque, l'Illustration, le Corsaire-Satan, l'Artiste, la Revue de Paris, le Semeur, et en général tous les journaux littéraires de Paris, se sont accordés pour rendre justice à la consciencieuse originalité de ce spirituel et joli volume, qui contraste étrangement avec les productions de notre époque.

ART DE FRENCH CONVERSATION

By **J.-L. MABIRE**. — 1 vol. in-18 oblong. — Prix : 1 fr. 50 c.

FEU ET FLAMME
PAR A. WEILL.

1 joli vol. in-32. — Prix : 50 c.

ROMANS
(format in-8°)

ALEXANDRE DUMAS.

Le Comte de Monte-Cristo.....	(2ᵉ édition)..	12 vol.	60 f. »
Les Trois Mousquetaires......	(—)..	8 vol.	40 »
Vingt Ans après (suite des TROIS MOUSQUETAIRES)............	(—)..	8 vol.	40 »
La Reine Margot............	(—)..	6 vol.	30 »
Le Vicomte de Bragelonne.....	(Sous presse.)	10 vol.	

LOUIS REYBAUD
(Auteur de JÉRÔME PATUROT).

Edouard Mongeron.......................	5 vol.	25 »
Le Coq du clocher......................	2 vol.	10 »
César Falempin.........................	2 vol.	10 »
Pierre Mouton..........................	2 vol.	10 »
Le Dernier des Commis-Voyageurs........	2 vol.	10 »
Marie Brontin............ (Sous presse.)	2 vol.	10 »

JULES JANIN.

Le Chemin de traverse...................	1 vol.	3 50

Mémoires de Mademoiselle Flore, des Variétés,
écrits par elle-même (2ᵉ édition).

Avec cette épigraphe : Pourquoi n'écrirais-je pas mes Mémoires?
ma blanchisseuse écrit bien les siens.

3 vol. in-8. 12 f. »

Le plus fin de nos critiques a dit, en parlant de ce nouveau livre :
« Il faut voir comme mademoiselle Flore en débite sur tous les
« hommes de son temps, comme elle les passe tous, ces illustres, au fil
« acéré de sa plume. Ses mémoires sont une riche lanterne magique, et
« l'on se sent pris du vertige quand on y regarde passer la longue suite
« de personnages qu'elle y promène. »

PROSPER MÉRIMÉE.

Carmen..	1 vol.	5 »

JULES SANDEAU.

Madeleine.....................................	1 vol.	5 »
Mademoiselle de la Seiglière.............	2 vol.	10 »
Un Héritage............ (Sous presse.)	2 vol.	10 »

Mᵐᵉ CHARLES REYBAUD.

Géraldine.....................................	2 vol.	10 »
Les Deux Marguerite.......................	2 vol.	10 »
Sans Dot......................................	2 vol.	10 »
Le Cadet de Colobrières...................	2 vol.	10 »
Félise..	2 vol.	10 »

CHARLES DIDIER.

Rome souterraine...........................	2 vol.	10 »
Romans du Maroc..........................	4 vol.	10 »

ARSÈNE HOUSSAYE.

Madame de Favières.......................	2 vol.	5 »

ÉDOUARD CORBIÈRE.

Pelaïo...	2 vol.	5 »

Sous presse :

LA VIE LITTÉRAIRE

PAR JULES JANIN

2 beaux vol. in-8. — Prix : 16 fr.

LE CHEVALIER DE MAISON-ROUGE

OU LES GIRONDINS

drame en cinq actes et 13 tableaux

Par MM. Alexandre DUMAS et Auguste MAQUET.

Prix : 1 fr.

L'INTRIGUE ET L'AMOUR

drame en cinq actes

Par M. ALEXANDRE DUMAS.

Prix : 1 fr.

HAMLET

PRINCE DE DANEMARK

drame en cinq actes, en vers

Par MM. Alexandre DUMAS et Paul MEURICE.

Prix : 1 fr.

Paris. — Typ. LACRAMPE FILS ET COMP., rue Damiette, 2

En vente

A LA LIBRAIRIE MICHEL LÉVY FRÈRES

RUE VIVIENNE, 1

ŒUVRES COMPLÈTES
D'ALEXANDRE DUMAS

Format in-18 anglais

à 2 francs le volume.

CHAQUE VOLUME SE VEND SÉPARÉMENT.

Le Comte de Monte-Cristo.	6 vol.	12 fr.
Le Capitaine Paul.	1 —	2 —
Le Chevalier d'Harmental.	2 —	4 —
Les Trois Mousquetaires.	2 —	4 —
Vingt Ans après.	3 —	6 —
La Reine Margot.	2 —	4 —
La Dame de Monsoreau, tomes	1 et 2	4 —

SOUS PRESSE

LES OUVRAGES SUIVANTS, DONT IL PARAITRA 1 OU 2 VOLUMES
TOUS LES 15 JOURS

La Dame de Monsoreau.	tome	3.
Le Maître d'Armes.		1 volumes.
Pauline et Pascal Bruno.		1 —
Souvenirs d'Antony.		1 —
Sylvandire.		2 —
Georges.		2 —
Cécile.		1 —
Isabel de Bavière.		2 —

SOUS PRESSE :

Hamlet, prince de Danemark, drame en
5 actes, en vers, par MM. ALEXANDRE DUMAS
et PAUL MEURICE. . . . . 1 fr.

L'Intrigue et l'Amour, drame en 5 actes, par
M. ALEXANDRE DUMAS. . . . . 1 fr.

Le Chevalier de la Maison-Rouge, dr. en
5 a., par MM. A. DUMAS et A. MAQUET. 1 fr.

En vente, chez les mêmes Éditeurs :

THÉÂTRE COMPLET
DE
VICTOR HUGO

UN BEAU VOLUME GRAND IN-8,

ORNÉ DU PORTRAIT DE VICTOR HUGO
ET DE SIX GRAVURES SUR ACIER,

d'après les dessins de MM. Raffet, L. Boulanger, T. Johannot, etc.

Prix : 6 francs.

Chaque pièce se vend séparément.

Hernani	75 c.
Marion de Lorme	75
Le Roi s'amuse	75
Lucrèce Borgia	75
Marie Tudor	75
Angelo	75
Ruy Blas	75
Les Burgraves	75
La Esmeralda	75

LE FAUST DE GOETHE
TRADUCTION REVUE ET COMPLÈTE

Précédée d'un Essai sur Goethe, par **HENRI BLAZE**

Édition illustrée de 10 Vignettes
PAR TONY JOHANNOT
GRAVÉES SUR ACIER PAR LANGLOIS ET TIRÉES SUR PAPIER DE CHINE

Un volume grand in-8. — Prix : 12 fr.

PUBLIÉ EN 40 LIVRAISONS A 30 CENTIMES.

PARIS — TYP. LACRAMPE FILS ET COMP., RUE DAMIETTE, 2.

www.ingramcontent.com/pod-product-compliance
Lightning Source LLC
Chambersburg PA
CBHW030101230526
45471CB00003B/1196